Kikutake Kiyonori
Miyakonojo Civic Center

菊竹清訓
都城市民会館

駐車場からの外観

編集 日本建築学会都城市民会館調査記録WG

ホテル東光園の模型を見る菊竹清訓

菊竹さんの発想力

穂積信夫

　菊竹さんの実家は久留米の旧家で、街道筋の両側に広大な土地を持ち、子供の時は、街道をまたにかけて、とびはねて遊んでいたという。しかし、その土地もしばしば豪雨で水没し、使いものにならないものを見て、土地は自分で作るといって海上に踊り出す、いわゆる「海上都市」の提案を作り、国際建築家会議に日本の提案として発表し、世界の建築家を驚かせた。この案を発表する前から、土地に坐りこむような住み方を嫌って、空中に浮かぶような自邸、「スカイハウス」を提案している。ここでは、四枚の板壁の間を上下する、エレベーターのような床版が空中に浮かんでいる。空中に浮かんでいる姿を強調するために、側壁に接するところの目地は数センチもとられ、中央に交叉する大梁だけが床を支えているかのように見せている。人の住む床は、土の上に坐り込むようなものではなく、空中に浮かんでいるように見せたい、という思いが、この数センチの大目地にあらわれている。

　都城市民会館の構造設計を担当した早稲田大学の松井源吾教授と菊竹さんのやりとりは禅問答のようで面白い。松井先生が、「梁は梁せいが大きいほど強い」といわれると、「そんなことは言われなくとも判っている」と怒ったりするものだが、菊竹さんはその言葉を一種の攻撃と受け取って、梁成が1メートル以上もある大梁を設計して松井先生を驚かす。そして、当時最新鋭の光弾性実験をくりかえして、梁成が1メートル以上もある大梁から、不必要な部分をえぐりだし、まるで彫刻のような大梁を作りだしたのである。

　そのような苦心をしたのには、ある意味があった。出雲大社は、その昔百メートルほどの高さの大階段を計画していたといわれる技術の神様である。神前の控室の構造といえども、おろそかにはできない。梁の鉄筋に引張力をかけ、コンクリートがかたまってから力を開放して、鉄筋が縮む力を利用して、コンクリートに圧縮力をかけるという、当時は珍しい構法をとった。松井研究室で始められた当時最新鋭の光弾性実験をくりかえして形が決められた。

　相手が何気なく発した言葉からヒントを得て、思ってもいなかった案がくり広げられるさまは、菊竹さんならではの離れ技を見る思いである。

目次

０３　菊竹さんの発想力　　　　　　　　　　　　穂積信夫（建築家/早稲田大学名誉教授）

０６　都城市民会館について　　　　　　　　　　斎藤信吾（建築家/早稲田大学講師）

２０　都城市民会館　　　　　　　　　　　　　　菊竹清訓

２４　目に見えないものの秩序　　　　　　　　　菊竹清訓

２８　菊竹さんの狂気と戦った都城市民会館　　　遠藤勝勧（建築家/遠藤勝勧建築設計室/元菊竹清訓建築設計事務所）
　　　遠藤勝勧氏オーラルヒストリー　　　　　　古谷誠章（建築家/早稲田大学教授）

３９　図面

５０　都城市民会館の手摺のディテール　　　　　仙田 満（建築家/環境デザイン研究所）

５２　私のファーストイメージ・乳母車の鉄の骨　長谷川逸子（建築家/長谷川逸子・建築計画工房）

５４　都城市民会館再生活用計画　　　　　　　　日本建築学会都城市民会館再生活用計画検討委員会

６２　来館アーティスト等一覧

凡例

図面名称
縮尺｜形状｜作成年月日｜製図者｜
素材・技法｜大きさ[mm、縦×横]

遠景

都城市民会館について

斎藤信吾

　都城市民会館は、宮崎県都城市が市政40周年を記念して1966年に開館し、40年間にわたり都城市の芸術・文化の拠点として多くの市民に親しまれてきた。時にザ・ドリフターズが来るなど閉館まで成人式や結婚式をはじめとして、様々な催しに活用された。建築家菊竹清訓（1928—2011）の設計から生み出されたその唯一無二で独特な形態はわが国のみならず、国内外の重要な美術館で何度も展示され、世界中の建築関係者が訪れたい建築のひとつになるなど、世界に広く知られている貴重な建築である。

　2006年に都城市総合文化ホールの開館に伴い、一旦、都城市市議会で解体が決議されたが、南九州学園が20年間の無償借り受けを申し出て、解体の中止が決定された。しかし、現実にはその活用に多額の費用を要することから、他の施設整備を優先することとなり、約10年間未利用のまま放置されていた。市の財政状況とこれまでの経緯を踏まえた上で、事業計画などを裏付けた具体的な再生活用方法を日本建築学会が中心となり市と検討が重ねられたが、2019年に市議会にて最終的に解体が再決議され、同年に解体へと至った。

　菊竹清訓は、1960年東京で開催された世界デザイン会議において結成された日本近代建築運動メタボリズム・グループのひとりで、今なお世界から注目され続けている。国内外にメタボリズムの思想を反映させた多くの実験的で先見性のある建築作品を生み出した。菊竹は生涯を通じて582作品以上の建築作品（著者調べ）、ならびに数多くの書籍を執筆した。著作の中でも特に、「METABOLISM/1960—都市への提案」と「代謝建築論　か・かた・かたち」は菊竹の建築思想を示した代表的な著作である。メタボリズムは、建築と都市が自然や社会と同様に新陳代謝(成長・変化)していくものと捉えた時、建築や都市のあり様を提示した方法論である。

　菊竹は1969年に「代謝建築論」を発表し、建築を変化するものと不変なものとに大別、各々をサービス機能が果たす「生活装置」(変化)と居住中心のスペースとなる「空間装置」(不変)を命名した。1966年に竣工した都城市民会館は、変化するものと不変なものとの「弁証法的な構成」が実現した明快なモデルのひとつであり、菊竹の思想《メタボリズム》を顕在化した建築として国際的な評価を獲得した。

　新建築1966年７月号に記載された菊竹の言説では、都城市民会館の設計思想として、「残る部分」と「変わる部分」に関する記述がある。１階ピロティ空間を生み出し、劇場客席のスラブを構成するRC造の平屋部分に対し、その上に空気を包み込むようにホールを構成する鉄骨造の天蓋部分。その対比に「残る部分」と「変わる部分」の構成見ることが出来る。技術の変化に併せて建築部材をとりかえ可能にするため、天蓋は門型の鉄骨（トラス）から懸垂された構造となっている。またエントランスホールを含めた１階全体に木製の建具を設置することによって、用途変更に伴う間取りの変更等が行いやすいように設計を行うなどの工夫が見られる。1980年頃にはエントランスホールの屋内拡張工事が進められ木製建具はアルミサッシに置き換えられた。

　作品集「菊竹清訓　作品と方法1956-1970」に掲載された「目に見えないものの秩序」における菊竹の言説では、空気・光・音を統一する設備への追求と建築デザイ

建設時

ンへの関係についての記述がある。建築内部からの視点でオーディトリアムを捉え直してみると、空気で包み込んだような巨大一室空間の容積を最大限生み出すため、構造を屋外側に張り出し、設備を屋根の構造から独立させていることが一目瞭然である。独特の外観は、「目に見えないものの秩序」という方法論から生み出された形態なのだ。

　菊竹清訓にとって1960年代は、一連の海上都市計画、京都国際会議場国際コンペ案や、ホテル東光園、出雲大社庁舎、久留米市民会館、萩市民会館、佐渡グランドホテルなど狂気と目される独創的な名作を数多く生み出した時代と言える。都城市民会館での実験的な試みは当時の作品と影響し合い、方法論が各作品へと引き継がれている。特に「伝統的な木架構を模した鉄筋コンクリート造」、「懸垂部を持つ鉄骨造」、「増改築を促す木製建具」、「空気調和設備の一体化」、「杭基礎の平面的な集中」、「装飾的な目地を生む型枠工法などの技術」といった、方法論を支える意匠や技術が結晶化している作品といえる。

　都城市民会館の「伝統的な木架構を模した鉄筋コンクリート造」は、京都国際会議場コンペ案での井桁構造の構想、あるいはホテル東光園の鳥居型の大柱との連関をみることが出来る。「懸垂部を持つ鉄骨造」は、自邸スカイハウスでの子供ムーブネットと呼ばれるユニットを懸垂する実験的試みから、ホテル東光園での上層スラブの懸垂構造へと引継がれた過程をみることができる。「増改築を促す木製建具」は、1950年代ブリヂストンタイヤの一連の作品群の設計で培われた木造増改築・移築における技術に端を発している。「空気調和設備の一体化」は、パシフィックホテル茅ヶ崎において空調設備と照明設備を同一モジュールにするなどたびたび菊竹の強い関心が伺える。「杭基礎の平面的な集中」は、出雲大社庁舎の基礎形式と同様、余剰の空間を生み出すために柱数を減らすという意匠理念や構造的な挑戦だけではなく、施工費を減額するための一貫とした考えである。「装飾的な目地を生む型枠工法」は、コンクリート打設前にパネル間に縦桟を入れ、壁に凹凸の目地を生む工法で、今なおホテル東光園の外壁に同様の美しい技術を見ることができる。

　1960年代戦後経済復興を迎える地方都市が経済的な制約の中、当時の材料・技術の力でひとつの建築を実現させ、実験的な技術が伝播していったことに重要な価値がある。そこには建築家菊竹清訓の狂気たる強い意志と菊竹清訓事務所で設計を行った所員の血の滲む日々の記録があった。半世紀以上前に竣工した都城市民会館をめぐる再生活用の課題は、われわれに改めて建築文化を育む都市の成長のあり様を問いていると言え、解体された今、日本の近現代建築の価値を改めて見直すときが来ている。

北東より外観

1Fエントランス

北側より外観

ピロティ下のエントランス前

1Fエントランス木製サッシ

木製サッシ、扉写

車寄せ横階段

東側架構集中部

西側立面

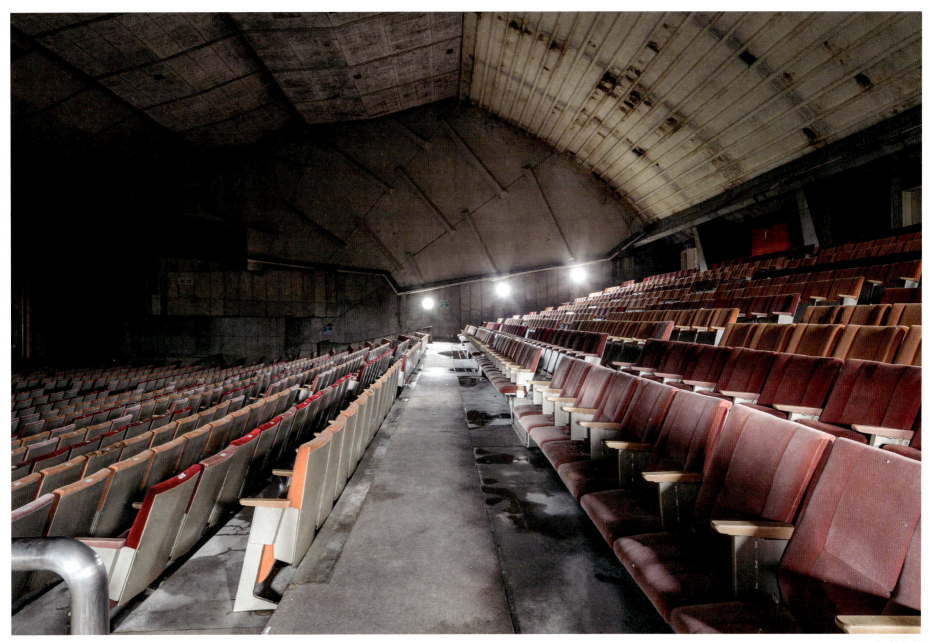

ホール客席中段

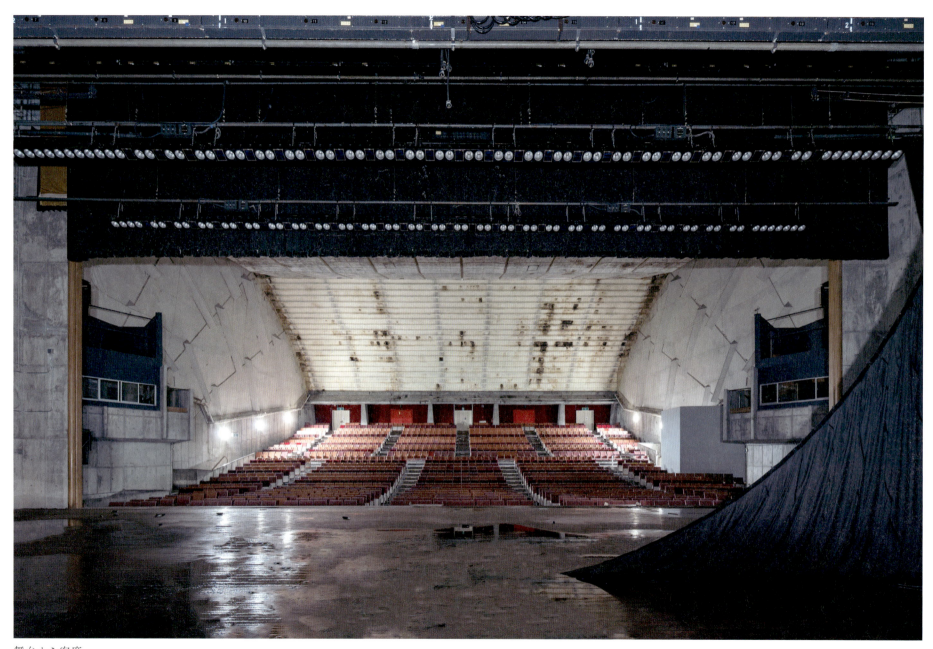

舞台から客席

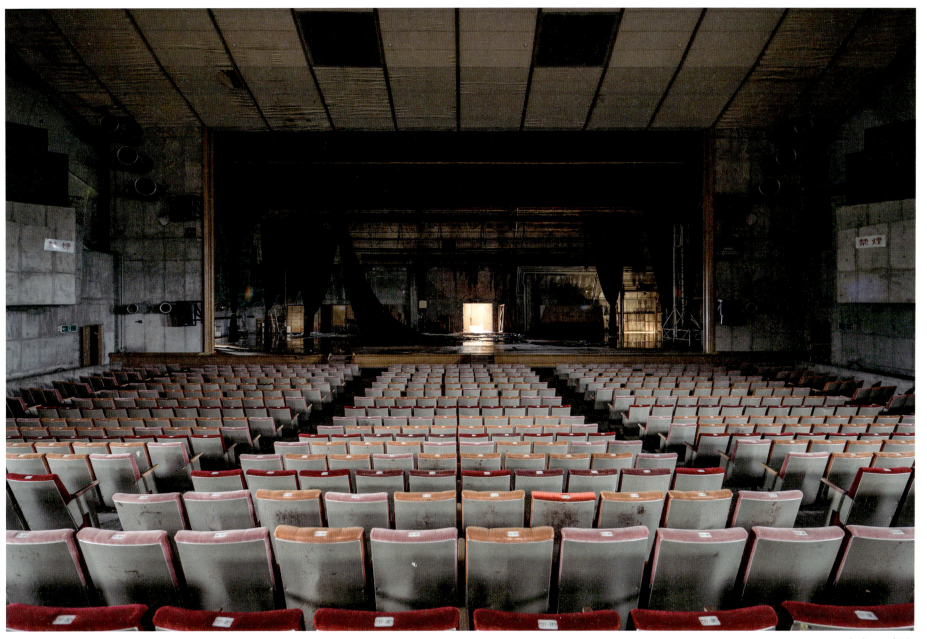

客席から舞台

都城市民会館

菊竹清訓

建築のもっとも基本的な問題として、共通に人道的空間をどう獲得し確保するかということがある。それは部屋のレベルをこえた建築総体としての問題である。あまり適切ではないが〈焼跡の空間〉といういい方をすれば、玉石とか暖炉とかが、まざまざと空間を再現してくれる"残る部分"としての強さをもって残っている場面を見ることがある。これはひとつの示唆を与えてくれる。とくに残った部分が、かつての空間を如実に物語る場合であって、"残る部分"が的確に空間の基本的構造を支えるという認識と、耐火的な部分だけが残ったという認識である。この認識には差異があろう。しかしこれは、新らしい問題として、どういう部分を残し、残すためにはどうすればいいかという問題の手掛かりを与えるという点で、また建築の主要な空間をどう処理するかということを考えさせてくれる上で、新らしい視角を提供してくれる。

都城市民ホールの残るべき部分はどこか、それは残すべく計画されねばならない。"残る部分"こそ建築のもっとも基本的空間でなければならないからである。私はそれをすべてコンクリートでつくることにした。台座ともいうべき下部構造の主要部分が、鉄筋コンクリートで構築してあるのは、この意味である。"残る部分"に対して、"変る部分"がある。時代とともに、技術の進歩、社会の変化によって利用のされかたの違いができて、新しいものに交換され、補足され、修正が予測される。たとえば舞台機械、フライ、サッシュ間仕切りなど新陳代謝する部分である。変る部分に対しては、変るためのひとつのメカニズムとオーガニズムが必要であり、そのための素材の選択が必要となってくる。鉄の屋根、木の窓枠はこの理由で決定された。その機構と詳細はそれぞれ、たとえばトラス・テンションバー・屋根版あるいはサッシュにおいて、どこまで一体的に、どこまでを部品化し、そしてどこにジョイントをもつべきか、どういうジョイントにするべきかといった点が問題にされた。

もうひとつの新らしい課題は、光と音と空気に対する五感の合致、さらに力と空間性の一致を加えて、人間的自然を建築で構築しようとしたことである。
今日建築のデザインのなかで技術の分野の発展は、いちじるしく進み、かつ分化しつつある。たとえば設備では、空間技術、電気技術、給排水技術、舞台設備技術、音響技術といった形で、専門化され、細分化してきている。

技術の進歩という面では、この分化には必然性がある。しかしひとつの建築を秩序だてるためには進歩の不均衡や細分化に対して、そこになんらかの設備に共通する目標の設定が必要とされねばならない。それは人間的自然の確立のためにである。建築構造技術に対して、建築設備技術はこの基本的目標の設定を誤まってきた。真に人間性を問題とするなら人間と空間の関係を追求する環境衛生学を平行して進めるべきであったにもかかわらず、科学的側面は放置されたままであることがその証拠である。これはわが国のみではなく世界的に共通する建築設備のたちおくれであって、もっと現実を正しく把握することが必要であろう。人間と空間との関係を正しく現象としてとらえ、測定し、分析することからやり直さなければ、人間的設備の進歩に失敗するだろう。さらにそこに社会学者・心理学者・医者などの参加する真に人間のための現代の建築設備の科学が樹立されねばならない理由がある。

高度の技術を駆使するメカニズムの複雑化だけが、建築設備の進歩ではない。

そこに、〈光と音と空気〉を秩序づけようとするテーマ設定の意味があり、力と空間性を一致させようとするデザインの意味がある。この都城市民会館は、この課題に対して新しい方向を追求しようとした建築であった。しかしきわめて困難な課題

であることを、この都城市民会館は教えてくれた。人間的建築への道のきびしさを
改めて考えると同時に、いっそう強く問題の重要さについて考えさせられるのであ
る。

初出『新建築』1966年7月号

架構一部外観

ガーゴイル

目に見えないものの秩序

菊竹清訓

目に見えるものと、目に見えないものの秩序について、いま私は考えている。

目に見えないものに秩序の問題があるとすれば、どういう問題があり、そこからいかなる秩序が導かれるか、について考えておくことが必要であろうということからである。

それは建築でいえば、一つは時間的な代謝更新の問題がある。今一つは設備の問題が上げられよう。設備の問題は正に目に見えない秩序を建築に要求しているものに他ならない。何故なら、設備は体系的秩序をもっているが、そのものは目に見えない、空気・光・音を取扱うからである。そこでまず照明、音響、空調等、設備技術の現実をみてみると目、耳、口というように人間の五感に関係した問題であり、これが、それぞれ個別的に分化し独自の発展を遂げつつある。

なおかつ、照明は等間隔に天井に埋込まれ、空気吹出口は等分布に配置されるというように、これらの計画の現実には機械的な面が強い。もし本当に均等な照度を得たいのなら、窓際、壁際また、天井高等の条件を無視して等間隔に配置するのは誤まりで、むしろ配置はかなり不均等なものになるはずである。

その例は1961年一ツ橋中学校体育館の照明計画のスタディに明らかなとおりである。同じようなことがリターンの位置、サプライダクトの引込みなどにも見られる。これらの欠陥は各技術が分化されたまま、その綜合性に欠けているところにおこっている。

こういう非人間的設備計画をやめ、非人間的発展を設備に許さないためにはバラバラに分解された設備を統一し目に見えないものを把える方法、体系、装置を綜合的に把え考える枠組が、重要である。

では設備技術を統一するにはどうしたらいいか、それは自然のもつ統一に立ちかえることから始めるのがいい。

窓を見るがよい、そこから光が射しこみ、空気が流れこみ、小鳥のさえずりが聞こえてこよう。しかも大きい窓は、より多くの光と空気と音を、そして小さな窓は、より少ない。

本来、自然においては、空気と光と音は統一されたものであり、一つの調和と秩序を持ったものとして存在している。

もしわれわれが、この統一を設備の条件として、仮定するなら、人工の設備は、自然と同じ秩序をもつようにしなければならない。それはまた、より人間的な設備という結果をもたらすものと考えることができよう。

では、設備にたいして〈空気・光・音を統一する〉という仮定をおくことが、よく設備を成立させるであろうか、それはまた、いかに建築のデザインに有効性をもたらすであろうか、これはすべて、現実をとおして具体的に検証されるべき問題である。(都城市民会館はその最初の計画である)とはいえ目に見えないものを確かめる装置は、恐らく一つは系統を示すサインであり、一つは端末器具だということができる。

したがってここから設備の全体系を把え、適確に表示するようなサインの研究は、グラフィック・デザインの課題として今後一層重要となってくることが予測される。

また端末器具の進歩・発展のためには、必ずその複合統一の問題が出てくることが予測されてくるのである。

今や、デザインにおける本質的問題である人間の環境にたいして、目に見えないものの秩序に、設備は応答しなければならない時点に近づきつつある。

応答することによって、設備はデザインの本質にふれ、そのとき自然よりさらに高度のすぐれた人工環境を創造することができるのである。この究極の問題に直面することを避け、機械のための機械の進歩にとどまるなら、設備は自然によって否定され、自然の優位をくつがえして、人工の環境を、つくりだすことは不可能となり、建築デザインと共に進むことはできないであろう。

　目に見えないものの秩序に設備の果す役割は極めて大きいと考える。それだけ設備は重要な段階をいま迎えているといえよう。

『菊竹清訓作品と方法1956−1970』（美術出版、1973）より転載

模型

建設時

菊竹さんの狂気と戦った都城市民会館
遠藤勝勧氏オーラルヒストリー

遠藤勝勧　　聞き手　古谷誠章
　　　　　　文　責　斎藤信吾

古谷　本日は遠藤勝勧さんにお越しいただき、設計当時のお話などを伺いながら都城市民会館を一緒に見ていきたいと思います。

遠藤　まず都城市民会館を設計するにあたり、この敷地は地盤が悪く杭を多く打つ必要がありましたが、予算の都合上、杭にお金をかけてはいけないので架構を中央にまとめました。また、敷地が狭く、下から見上げるピロティのデザインを上手に表現したということで、不自然に梁が出ないようにほとんどの部分をアンダースラブで松井源吾先生に画期的な構造設計をして頂きました。

古谷　2階のバルコニーも客席の勾配の階段状の端部を見るとその下が綺麗に収まっていて、その形が模型のように表れています。客席部分が持ち上がっている1番上の通り側の柱と柱の間に少し下がっている梁型状のものがありますが、あれはどういう意味のものですか。

遠藤　その梁の上を見ていただくと分かりますが壁梁に穴が開いて非常出口になっています。非常出口の下はスラブ一枚になってしまうので、その部分のみ梁を下に下げました。柱に付けてしまえば簡単ですが、どこにでもある構造になってしまうので真ん中にぶら下げたのです。この構造は東光園でも使っています。菊竹事務所には数多くのディテールがありますが、都城市民会館は以前使ったディテールの応用が多く見られます。

古谷　確かに上に5つの非常出口があり、その数だけ下に垂れ下がった梁の補強部分が見えています。それが正面のアクセントになったのですね。屋根を支える傘を開いたような形は、基礎を一点に集約して杭の数を減らす目的もありますが、この屋根の端の雨を受けるところも非常にユニークな形になっています。その部分は何かご苦労されましたか。

遠藤　この建物はパイプの雨樋がありません。屋根で受ける雨水を一秒でも早く外に流したいという意図があり、南側の屋根の端はV型、北側はZ型の梁に雨水を落とします。そこから真ん中に膨らんでいるコンクリートボックスのように見える竪樋と穴が開いている下の柱に水が流れるようになっています。柱から梁を出してしまうと水を流せないので、穴が空いている柱のところだけ梁を2つに分けました。

古谷　確かに同じ柱のように見えますが、正面に2箇所桝があって、その足元を見ると吐水口があり、そこから雨水が外に出るようになっています。両端の2本の梁はまっすぐに出ていますが、竪樋を挟んでいるところだけは二つに分けて、その間を雨水が通っているということですね。
この形を決める上で何か手がかりがありましたか。

遠藤　吐水口に接続している柱の南側は柱、北側は縦樋になっています。菊竹さんは久留米の大地主の息子で、水をすごく大切にする人でした。水が誰の目にも触れないで流れてしまうのは嫌だということで、流れるところを市民の皆さんに見てもらい、水がいかに大切かというのを伝えるために一生懸命デザインしました。

古谷　久留米はたびたび水害に見舞われ、水には縁が深いわけですが、水に対する脅威、怖さだけではなくて、逆に親しみ、身近に感じるというところもあった訳ですね。

遠藤　客席部分を下に降ろしてしまえばもっと安くできたかもしれませんが、どうしても水の怖さがあり、上に持ち上げたいということになりました。

古谷　床そのものを持ち上げる手法は菊竹先生の様々な作品に繋がっていきますね。

遠藤　菊竹さんは僕らに「こういうデザインにしろ」というのではなく、哲学的に話すので、なんとかしようと思いました。条件内で形が美しく、効果があるかを検討しながら設計しました。

古谷　正面は現在サッシが入っていて、ホワイエになっていますが、元々これはなかったものですね。

遠藤　はい。ありませんでした。現在よりも南側の柱にありましたが、サッシも全部木製でした。その面影が少し残るのが西側の一部です。
客席の下のコンクリートの型枠にリブがついていますが、これは僕が24歳の時に福岡の中洲にバー蟻を設計した時のものです。それが美しかったので東光園でも使いました。東光園は全ての柱と梁にこの線を入れたので、幅が少し締まってプロポーションが美しく見えます。

古谷　そうですね。特にこの持ち出している梁は樋を挟むために相当な幅になっていますが、かなり繊細なリブがあり柔らかく見えます。

遠藤　都城市民会館は鹿島建設の福岡支店が工事を受けていました。当時福岡支店はコンクリート建築を発展させようと考えていて、コンクリートの工事を大切にしようと言うので、所長の櫛田鎮太郎さん、副所長の遠藤繁さん、構造の大神清さん、意匠の大久保晃さんを連れてきてくれました。僕がこの型枠を話したところ、これだけでは少し寂しいからということで一緒に考えてくれました。
鹿島建設と菊竹事務所でこの目地について色々と考えたおかげで都城市民会館のスケールが出てきました。

古谷　単なるパネルの目地とは違いますね。

遠藤　その当時は施工会社も一つの目的に向かって、色々な知恵を出してくれて、すごく楽しい現場でした。

古谷　客席の階段状のコンクリートの底面は目地が入れてありますが、垂直面の方にはないのでメリハリが付いてこのステップがくっきり感じられます。仮に全部目地が入っていたらダラダラと繋がってしまいますし、なかったら間延びしてしまいます。でも未だにすごく綺麗ですね。

遠藤　屋根の下ですから。日本は庇を25cm出すだけですごく保ちが違ってきます。

古谷　梁を一箇所に集めて基礎を節約することで杭が少なくて済むというお考えを先ほどお伺いしましたが、そもそもこの乳母車のような形はどのようにして生まれたのですか。

遠藤　蒲生市長が「都城は台風の通り道だから雨が漏らないように、1500人の屋根を作ってください。」と言うので、菊竹さんはどうしたら雨が漏らないかと、建物に降った雨が一秒でも早く外へ流れるようにと考えました。本来は切妻が良いのですが、なかなか形にできず、敷地を見に来た時の向こうの山の稜線の写真を見て、それを目当てにずっと描き出しました。最初は土井鷹雄さんが断面を描いていましたが、菊竹さんが難しいことを言うので、土井さんから引き継ぎ私も描きました。そのうち、次第とこういう形ができてきました。
松井先生はこの形を作ることに集中しましたが、菊竹さんに「鉄骨の梁と梁を同じ寸法の門型に作れ。」と言われてしまい、困りながらコンクリートの柱で架構の長さを調整しました。ところが一番南側の鉄骨は同じ長さにできませんでした。それでも菊竹さんはやった人を信用するので、私が「同じ長さでやりました。」と言ったら、それで設計が終わり、入札して工事が始まりました。菊竹さんの頭の中は同じ門型だと思っていたはずです。

古谷　まさに同じ門型が広がったようにできているということですね。
遠藤　同じ形だと工場で安く作ることができるので、材料の統一等も考えてこの様になりました。
古谷　苦労が偲ばれますね。コンクリートの部分の長さをできるだけ長くして鉄骨を短く寄せていますが、一番南側の鉄骨だけはその長さで収まらなかったのですね。
遠藤　菊竹さんに「明日から来るな。」と言われるのを覚悟でやりました。
古谷　南側に舞台があって、階段状のものが二階の客席の床になっています。そこにオーディトリウムが入っていて、オーディトリウムとしてはこの山型の形状が合っていたのだと思います。それまでに菊竹事務所で全体が有機的な形状の作品はありましたか。
遠藤　ありませんでした。ブリヂストンの横浜工場のカテナリーの体育館が引っ張る構造の初めての建物でした。
古谷　放射状の造形もあまりないと思いますが、なぜこの様な形になったのでしょうか。
遠藤　菊竹事務所が四谷から八重洲口に浅川ビルに引っ越した時にドラフターを買いました。ドラフターはカチカチと止まりますから、ドラフターがなかったらこれはできませんでした。
古谷　偶然、菊竹事務所でドラフターを導入した時にこの仕事になって、この放射状の形が生まれたのですね。
遠藤　パシフィックホテル茅ヶ崎のホテル階の七角形もドラフターの止まったところで角度のついた線を使い切るように描いていったものです。

古谷　菊竹先生と同期である穂積信夫先生が設計は道具の影響があるとよく言っていましたが、これはドラフターの影響で生まれた形なのですね。
遠藤　今考えるとドラフターがなかったらできなかったかもしれないです。
古谷　しかしそれ以降このような形はあまり見られませんよね。
遠藤　当時は「か・かた・かたち」の各チームを分けはじめた頃でしたが、10人くらいではなかなかうまくいきませんでした。それでドラフターのあった製図室は解体して、ワンフロアにしました。平らなところで考えた方が良いのです。
古谷　最初はドラフターが面白かったけれども、それであまり繰り返されなかったのですね。
軒樋の端部が両端のV字型の梁の小口の処理ですが、これも苦労されましたか。
遠藤　あの端部はただのV字型で止めてしまうと全然面白くなくて、迫力もありません。菊竹さんがスケッチする訳ではありませんが、「ダメダメ」と言われることの連続でした。模型を作ったりしたのですが、最終的にあの形になりました。作ってよかったと思います。鹿島建設も良く作ってくれました。
古谷　彫刻のようですし、下はシェルのようになっていますし、すごいですね。ドア自体も木製で、かなり年季が入っています。木製のサッシを外に使うことは大変だと思いますが、何か苦労されましたか。
遠藤　この木製のサッシは東光園の続きです。東光園のディテールを少し改良しながらこちらに使いました。入札の図面はただのガラス戸でしたが、作っているうちに鹿島建設の大久保さんが、それだけではつまらないからと言って、わざわざ東京の事務所に来て、僕と二人で事務所に2日くらい泊まって一緒にディテールを考えてくれました。予算がなかったので、なるべく簡単にと考えていましたが、当時の

施工する若い人たちは力の入れ方が違っていたと思います。そういう時代に僕らがいたということはすごく幸運でした。この黒いペンキは菊竹事務所が知らない間に塗られていました。

古谷　元々は木の色だったのですか。

遠藤　外も中も木の色で、全てラワンです。

古谷　当時はラワンが多かったですものね。
この扉のデザインが他から見ると不思議な感じがします。
放射状のデザインは特に外観の印象と関連し合うように感じます。

遠藤　扉を横にしてみると建物の柱、梁のように見えます。

古谷　これはキャラクターが感じられます。
心に残る、目に焼き付く形をしていますよね。

遠藤　万博までは職人さんがアイデアを出してくれるという話はよくあったのですが、万博が終わってからそういう話はなくなって経済の話になっていきました。

古谷　木製扉は理屈に合っていると思います。取手のつく部分は幅が広くなっていて施錠して、それを受ける形で中材が入っている。全体的に意匠的に見えるけど、理屈に合っているように感じます。

遠藤　菊竹さんは必要な部分には必要な材料を機能的に使ってデザインしなさいと言っていました。こういうのは菊竹さんのデザインです。事務所の所員に徹底させます。菊竹さんは形そのものについては言いませんが、無理して部材を細くしたりすることは嫌がりました。

古谷　この木製サッシは東光園の一番外側のサッシを応用されているとのことですが、どのような工夫をされていますか。

遠藤　東光園の場合は木製サッシではダメなものですから、コの字のアルミを付けてガラスを入れました。空気の出し入れとしては下の部分に引き違いを作っているのが東光園の特徴です。菊竹さんは和室の部屋に住んでいたことが多くて、サッシの上端部分のように止めないで流しています。こういうのが菊竹事務所の特徴で、これによりとても日本的な印象になるのです。収まりが良くて、大工さんも作りやすくなります。

古谷　都城市民会館ではサッシが開閉できるので、水切り庇の役割も果たしているのですね。この縦のサッシが連続してきますけど、アクセントでここに少し大きな凹み部分があります。

遠藤　この凹みは部屋が間仕切れるようにする部分です。

古谷　部屋間仕切りをここに付けられるようにということですか。今はないですが、自由に付けられるようにところどころにこの凹みが入っているのですね。

古谷　サッシの開閉部分の下に小さな窓が入っているのは何故ですか。

遠藤　菊竹さんはサッシの一番下のところをどうしても透かしたかったのです。スカイハウスも障子があって、格子が浮いていますが、床からサッシの下のところも少し透かして光が入るようにしています。

古谷　突き出し窓の下枠ですから、どうしても立ち上がりが出てきてしまうのが嫌だということですね。ですがやはりこれだけ持ち上げるだけでもしっかり風が入ってきますし、今でもしっかり開くというのは凄いですね。

遠藤　菊竹事務所は粗いところもありますが窓周りのような部分はしっかりとデザインしています。
菊竹さんは金物も非常に気を遣いまして、これは堀商店の金物です。菊竹さんと堀

さん(堀 英夫)は仲が良くて、僕が菊竹事務所に入った時に、堀金物に丁稚(でっち)に行かされまして、新橋のショールームの上の工場で組み立てを手伝わされました。

古谷 こちらにそういうスキルを身に着けさせたいということなのですね。正面から見ると、確かに和風という訳ではないですが、部屋に対して景色と空間がつながっていくような感じは、菊竹さんが望んだ和風という日本の建築が持っていた空間性に近いものがあります。

遠藤 僕は和風の住宅に住んでいたので、菊竹さんと気が合います。ですから窓サッシをつけたりするのは僕しかいません。東光園でも応用されています。僕が設計していた時は、一番初めは建具から始めていました。清家清先生でも池辺陽先生でも同じです。グレーの雨戸と障子とドアのように種と仕掛けを作ります。

古谷 日本の建築がそうであるように、屋根を先に作って次に作るのは建具です。適材適所にものを入れて障子になったり格子になったり、風や光を入れたりあるいは雨を遮断したり、建具一枚にオーバーラップしてくるので、それが一番大事なことになります。

古谷 このホールの中から見ても、外で拝見した構造はなんとなく感じることができます。あのアクセントのように見えているものは繋ぎ梁でしょうか。

遠藤 斜めになっている柱に奥はアングルになっていて、手前はパイプになっています。中は編んだ鉄筋の梁で作られています。なぜ内側のパイプが鉄骨むき出しかというと、そこに室内の内装の壁をつける予定だったからです。予算がなくて蒲生さんがこれを完成とし、構造だけ終えた状態で受け渡してくれればよいということになりました。その後三年間で仕上げをやろうということになりました。その時に仕上げをして完成させるつもりでしたが、それができませんでした。白くなっている壁は、外は薄いブルーになっていますが、ガスモルタルでできています。真ん中は富士波ラスシートと言って、波型の鉄板に鉄の網がついていて、そこに4cmの塗り材を塗って終わっています。そのためほとんど仕上げがなく、室内に雨が入ったらすぐ外に出るようにディテールは考えていました。

古谷 下に少し小さく見える三角のマークは、外から見るとくちばしのような形をしていますが、あれは換気口でしょうか。

遠藤 あれは内倒しの換気口で、底辺が長く頂点が一点である形をしています。

古谷 この舞台の袖の両側のプロセニアムのところに大きな空調の吹き出しノズルがありますが、それについてはいかがですか。

遠藤 空調、設備の設計は、電気も含めて井上宇一先生の担当でした。丹下健三先生の代々木体育館が完成した後で、その時にノズルの吹き出しを初めて使いました。そこで色々と実験をして、苦労をなされたそうです。その後この都城市民会館が完成した時、ダクトのお金を少なくしようということで、直接コンクリートからダクトが吹き出すような形として、代々木体育館の空調の技術を改良して作っています。

古谷 東京オリンピックが1964年で、都城市民会館の完成が1966年でしたから、その前に確立された技術があったとういうことですね。

遠藤 この技術を使った時、大手ではそんなのは無理だと言われました。井上先生の助手の水野宏道さんという方がいらして、その方がリーダーとなって実験をしました。それでうまくできることが立証されました。

古谷 今見えているコンクリートの壁の部分にダクトが内蔵されているのでしょ

か。
遠藤　コンクリートがそのままダクトになっています。本来はダクトの後ろにチャンバーのような空気の膨らみがありました。それが邪魔で幕などの下げ物が当たってしまって機能していなかったので僕が勝手に削りました。その後井上先生にはとても怒られました。
古谷　機能に関しては結局大丈夫だったのでしょうか。
遠藤　その後水野さんが来て実験をしてくれて、なんとかなりました。
古谷　今見ると何でもないコンクリートの壁のように見えます。
遠藤　井上先生は早稲田に来る前に、船舶の設備設計をされていました。先生に設計を頼むと、機械室が船舶の機械室のようになってしまってメンテナンスが大変でした。しかしこの都城市民会館の機械室は小さくまとめていて、大丈夫かどうかを市民の人に見てもらえばよいとおっしゃって、ガラスで見えるようにしました。
古谷　確かに潜水艦の中などは少しのスペースも大事ですから、無駄なスペースを作るなど悠長にはやっていられない。それを建築でも実行されていたのですね。
遠藤　もう少し広く作ってほしかったですが。
古谷　ホールにしては珍しい丸い窓が開いていますが、あれはどの様な意図なのでしょうか。
遠藤　あれは初めから透明のガラスが入れてありました。
古谷　あのたった3つずつの窓のおかげで、電気が通っていない現在でも薄暗いながら歩くことができます。そういう貴重な窓ですね。
遠藤　これもブリヂストンタイヤの石橋正二郎さんが、窓をつけるときに曇りガラスにすると怒るのです。「なぜ窓をつけたか知っているか」と問われると「それは室内から外を見たいのに加えて、外から室内を見たいからだ」と仰っていました。そのおかげでブリヂストンの戸塚の横浜工場で大火事が起きた際、窓は全て菊竹事務所で設計したものだったのですが、窓が全て透明だったおかげでけがをした人が誰もいませんでした。上に立つ人はそういうところまで考える必要があると感じました。
古谷　あるのとないのでは大違いです。
遠藤　このホールの丸窓は最初大反対されて、黒く塗られて光が入らないようにされた時もありました。
古谷　上に映写室がありますが、この部分を作るときに地元の高校生が手伝ったと聞きました。
遠藤　当時、都城市民会館は夏休みの期間に工事をしていました。現在のように高速道路等は発達しておらず、またこの場所は山や谷に囲まれていたため、当時の都城工業高校の生徒たちは宮崎や鹿児島から外になかなか出られませんでした。そこで当時の市長が夏休みの時期に工事をしていた都城市民会館を見学させてほしいと頼んでこられました。僕もそれを聞いて見学は良いと感じて鹿島建設と相談しましたが、遠藤繁さんという当時の副所長が、せっかく見るのなら皆に工事を手伝ってもらおうということになりました。都城工業高校の学生の中には屋根をふいた学生や、映写室の音響を全て手伝った電気科の学生もいました。また、伊藤隆道さんという彫刻家が設計したアルミの緞帳がありました。それは幅が3cmで長さが60cmと0.5mmのアルミを全てつないで縦20m、高さ7mの幕を組みました。しかし一人では組めないので、都城工業高校の学生が手伝いました。僕もそこまで大変なことだとは思っていませんでしたが、解体の話が出てきた2005年に当時の体験を市民

に話すと、手伝ったという方が非常に多く、舞台の上で体験談を話して頂きました。

古谷 愛着も含めてすごく良い思い出になりますね。このホールには現在1400席入っていて、市長は人が集まる場所をつくりたい、それに対して屋根をかけるという話でしたが、この椅子は当時使われていたものなのでしょうか。

遠藤 総工費がおおよそ1億5000万円だったので、FRP製の椅子も購入できませんでした。そのため菊竹事務所でコトブキに頼んでFRP製の椅子を作りました。これは連続の椅子ですから、ひじ掛けは片側だけでよいということで作成しました。試作を重ねながら作り、長谷川逸子さんのお尻で型を取って椅子を作りました。長谷川さんが見学に来られた際は、大きさが丁度良いと言っていました。
後に予算が出た際にこれを現在の劇場の椅子に取り替えられたことは菊竹事務所は知りませんでした。取り替え後はFRP製のオリジナルの椅子は当初考えた通りのファーニチャーチェアにしようということになり、座面に穴をあけて雨水が抜けるようにするなどの加工が役立ちました。

古谷 その後は屋外の競技場の定番の椅子になりました。

遠藤 東京でも東急の駅など様々なところで使われていました。最近のテレビでは熊本のローカル線の駅のベンチに使用されていることが取り上げられていました。

古谷 これは本当になじみのある椅子で、まさか長谷川逸子さんのサイズを元に作られているとは知りませんでした。

遠藤 色はグラフィックの粟津潔さんが赤系の色紙を切って上からばらまいて座席の色を決めました。すごく美しかったです。

古谷 僕はこのホールがまだ使われている頃にホールを見たくて来たことがありましたが、その時にママさんコーラスのグループがステージで練習されていて、そのお仲間が客席にいて、その時にいわゆる劇場の上下の関係ではなく、文字通り市民の活動を屋根で覆っているようで、とてもいい風景でした。あの時に普通の既成の音楽ホールとは違う一つ屋根の下の空間の原型のようなものを感じました。

遠藤 当時、NHKの技術研究所の部長の永田穂さんがこのホールの音響設計をしました。空間ボリュームは永田さんが決めてくれました。菊竹さんはそれに合わせて外壁をセットしようということになりました。梁を天井の中に納めようということになると、外壁や内壁の面積が大きくなり、材料を余計に使ってしまうことになります。そのため梁と柱を外に出した形態に決まり、建築工事費の大幅な削減に成功しました。当時は東光園などでも菊竹事務所は吊り構造を多く用いていた時期でもありました。それでこのホールも大梁から小梁を吊って、小梁から屋根を吊っています。吊ったために、嵐の時大梁が動いてしまいました。今は大梁の鉄骨は露出していますが、鉄骨露出だと耐火構造で建設省から許可されず指導を受けました。そのためモルタルを5cm被覆させるよう義務付ける書類が届きました。菊竹さんはカバーを全てアルミで作りたかったのです。室内の天井含めコンクリートより上の部分は全てアルミにしたいということになりました。ですがそのアルミをやめて、モルタルを使用しました。しかしそれがある時、梁の被覆モルタルが剥離し、地上に落下してしまいました。それでは危険だということで建設省に原因を調査されましたが、当時は解決法がなかなかなく、モルタルをとることになりました。モルタルをとると、梁が中抜きになり風当たりが少なくなったことから、大梁が動かなくなり、屋根が安定して雨漏りもしなくなりました。それについての実験も後でできるようになりました。

古谷　要するに、モルタルが重りのようになって振り子のように動いてしまっていたということですね。

遠藤　はい。それが扇のような形態になって全部揺れてしまっていました。照明は天井には付いておらず下から照らしています。

古谷　それは電球の取り換えなどが容易であるなどの理由ですか。

遠藤　はい。それに加えて配管の長さなどの理由もあります。

古谷　これは先ほどのV字型の雨樋のところですが、本当であればこのV字が壁面に見えるようになるはずだったのですか。

遠藤　はい。そのように作ってしまうと形にならなかったので、菊竹さんは試行錯誤を繰り返しましたがうまくいかず、何日も時間をかけて考えていました。コンクリートだけではなくてプレキャストも考え、鉄も考えていましたが、菊竹さんはうんとは言わず、それで最後に感覚的にHP（シェル）の形に決定しました。

古谷　確かにV字のままだったら手前に雨がこぼれてきてしまい、それをせき止める必要がありますが、その部分に蓋をしてしまうと不細工ですから、この造形を考えたということですね。菊竹先生は気に入らないと全く首を縦に振ってくれないのですか。

遠藤　はい。所員は上手にデザインしないと別の所員の案になってしまうから、自分のものを採用させるように頑張っていました。出来上がったときは皆が褒めてくれました。

古谷　菊竹さんはそういった理屈だけではなく直感で物事を決めるのですか。

遠藤　ここはというところはそうでした。入所直後僕は丸ビルや中央郵便局などを菊竹さんと実測しに行っていましたが、菊竹さんは道行く人に聞こえる程の大きな声で「これはダメだ、これは良い」というようなことを言いました。僕が「先生それは何故でしょうか」と聞くと、懇切丁寧に色々教えてくれました。何日間かの間に菊竹さんの本当に好きなものと嫌いなものがわかったような気がしました。そういったところもその後の設計に役立ちました。

古谷　僕はやはりV字の樋のようなものがあると、全体の大きな作りも大味な印象にならないと感じます。窓の小さなディテールや様々な部分がそうですが、そういう小さなしっかりしたある種のアクセサリーのようなものがあると、全体のとても良いスケール感は作り上げています。

遠藤　菊竹さんは村野先生のところにしばらくいたので、村野先生を非常に尊敬しています。ですからデザインが非常に似ているところがあります。そうしたところも建築のデザインに関係していたように思います。

古谷　全体の話を伺いたいと思います。このホールを最初に蒲生市長から依頼を受けて作られた形、そして様々な部分的のディテールやその意味まで伺ってきましたが、最初蒲生市長は何年間かかけて都城市民会館を整備していきたいというエピソードを伺ったときにいわゆるメタボリズム的だと思いました。変に全部完成させるのではなく、屋根をかけて、設えを作ってというお話だったのですが、あいにくなかなかそのようにはいかなくて蒲生市長さんも変わられたというお話がありましたが、その中で最初に作られたもの、それから実現できたことと、まだやり残されているなと思うところについてはいかがでしょうか。

遠藤　菊竹さんのメタボリズムというのは木造の組み方です。木取りとかは僕たちに短時間では教えられないので木の組み方をよく調べるように菊竹さんに言われました。ですからこういうのはほとんど組み方で、どこでできたかというと京都国際

会議場です。あれは井桁があったり、つけ柱があったり、いろんな収まりがありました。
あれが落選してしまったためにそのエネルギーが東光園に行ったり、この都城市民会館に来たり、佐渡グランドホテルに行ったり、全部に散らばりました。ですからこれらの作品はおおよそ同じ時代の間に広がりました。

古谷 そういう意味では悔しいコンペだったと思うのですが、そこに集中してコンペでみんながアイデアを出して練り上げたものが違う形で実を結んで行ったのですね。

遠藤 所員一人一人が考えたところが実現はしなかったですが一つのデザインとして総合してまとまった喜びはありましたから、コンペ案がダメになってもそれぞれが後の担当作品に使いました。

古谷 今その組み方の話を伺いましたけど、エントランスのアルミサッシがついたり、エレベーターがついたりしましたけど、菊竹さんの自邸のスカイハウスではありませんがいろんなものが時代の要請と共にそこに付け加わったり、取り去られたりというそういうことは菊竹さんの一つのお考えの中に入っているように感じます。

遠藤 それが建築だって言いますね。ですからまだ僕が事務所にいたときにスカイハウスを記念館にしようということで、元の竣工当時のスカイハウスにしようと提案しましたが、菊竹さんはそれには耳を貸しませんでした。菊竹さんはスカイハウスを新しいサッシとか茶室とか実験に使っていたのです。

古谷 お話を伺っていて、菊竹先生のメタボリズムの考え方の大きな一つの現れとして感じます。スカイハウスと何か符合するようなところもあるし、新しい設備が加わったりしても空間性が損なわれない。そんな中で中身が変わってもスケルトンは受け継いで次の世代に直していってもらえないかなと建築学会としても提案したりして働きかけをしたのですが残念ながらその道は見出せませんでした。市民会館を通じて地元の皆さんの話を聞いていると大変多くの方がここに愛着を持って、ここでの記憶をお持ちになったことが分かります。そういう意味ではこの建築はユニークなかたち、ユニークな場所を生み、人の記憶に残るような建築で、今後もそうあり続けるというのは確かなことだと思います。これを残せないのは大変残念ことなのですが、今日こうして遠藤さんの話を伺えて、できればこの建築がどのように生まれてきたのかというのを多くの人が追体験できるような資料としてくれれば良いと思います。

遠藤 菊竹さんは菊竹さん自身の考えで常にメタボリズムを土台にして考えていましたし、建って50年も皆様から愛着を持って見守り続けていただいたというのはある意味では幸福な建物だったと思います。壊されてしまうのは残念ですが、一つの建築でこれほど雨が漏れたり、いろんなことが起こったり、それでも建ち続けてきたというのはやはりなにかあったのではないかと思います。もう少し熱がこの建物から出たら残ったかなと思ったりします。
都城市民会館には50年よく耐えていただいたと思ってこの建築に感謝します。

古谷 これは竣工写真のときに対岸から見た風景が映っていて、西都城駅と、大淀川が手前にあって向こう側にうっすらと山が見えています。都城市民会館はあの山の形ですね。

遠藤 そうです。都城市民会館の敷地の左側に公会堂（須田記念館/竣工1927）があったのです。設計が大正時代の良い建物だったので、たまたま僕たちが設計をす

るときにその建物を見て、このような環境を考えて、都城市民会館の形が出てきました。
古谷　建物は不思議なもので、山の波長や形とシンクロしていると風景に馴染みますね。
遠藤　そうですね。特に菊竹さんは筑後平野で育ったので、夕方の西日を見るのが好きで、家の中からも周りにある山を見ていたようです。
古谷　まさに樹木が育つように建築が育つような原風景がここに凝縮されているように感じます。
遠藤さんは本当に若い頃から菊竹先生の事務所に弟子入りされて、菊竹先生と一緒に取り組んでこられて、終生お付き合いされていましたが、生まれ変わって菊竹先生に会ったら事務所に入りますか。
遠藤　また入りますね。僕だけではありません。菊竹事務所辞める人は菊竹さんと戦ってやめる人が多かったですが、2,3年するとここが一番良かったと言ってきました。それでKパーティーというのがずっと続いています。
古谷　それはいい話ですね。
遠藤　今でも寝ていて、ぱっと起きて菊竹さんに報告しなければと思うことがあります。
古谷　そうですか。もう一度何十年間かされたら、さぞ面白い物をつくられたでしょうね。
遠藤　そうですね。
古谷　山が雲で消えてしましましたが一瞬だけ顔を出してくれましたね。
遠藤　ああいう景色が見られなくなるのは寂しいですね。

50年前は今高架になっている西都城の駅は地上にあり、何台もの蒸気機関車の煙が立ち上っていて、煙の中に市民会館が見えました。写真では写っていませんが肉眼では見えていました。
古谷　西都城駅に帰ってきたときに市民会館が見えると皆さんおっしゃっていました。独特の表情でしたし、古い家並みは低い家並みでしたからひと際目立っていたのでしょうね。
本日は貴重なお話ありがとうございました。

2019年7月収録

北側外観

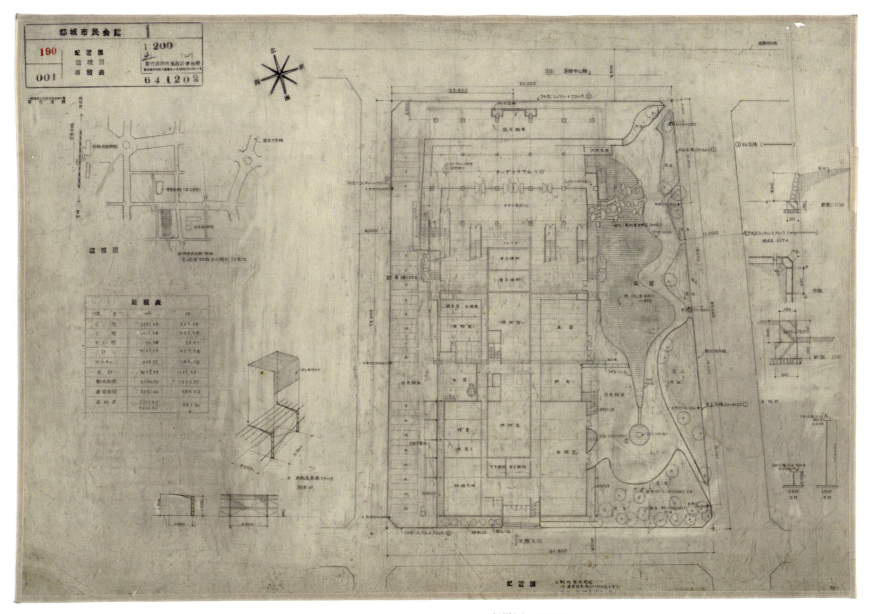

配置図 190-001

1:200 | 原図 | 1964年12月2日 | —

鉛筆、トレーシングペーパー | 795 × 539

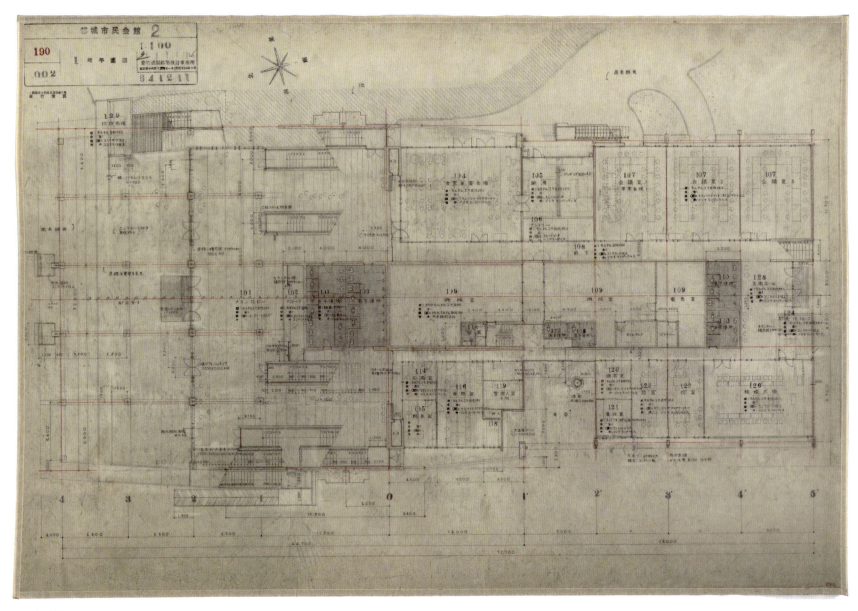

1F平面図 190-002

1:100 | 原図 | 1964年12月11日 | ―

鉛筆、トレーシングペーパー | 800 × 542

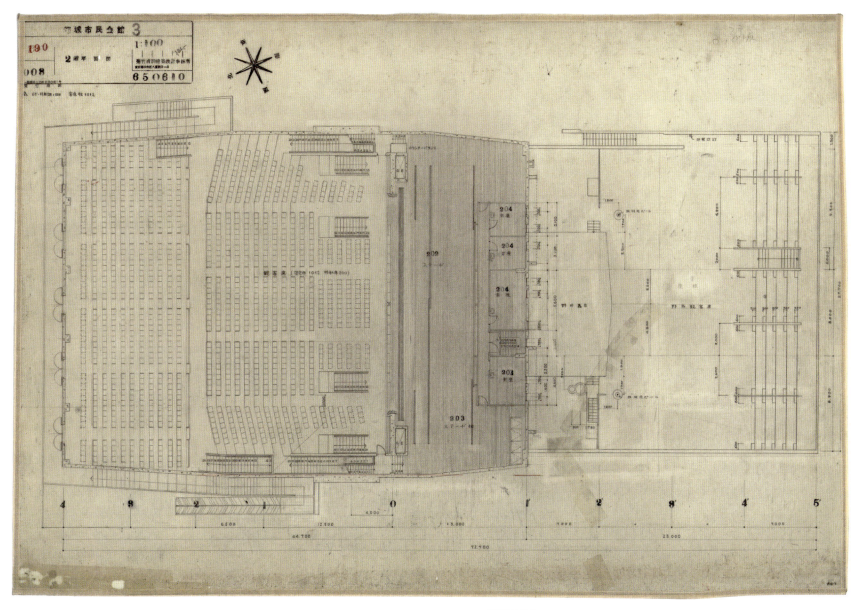

2階平面図 190-003

1:100 | 原図 | 1965年6月5日 | ―

鉛筆、トレーシングペーパー | 799 × 542

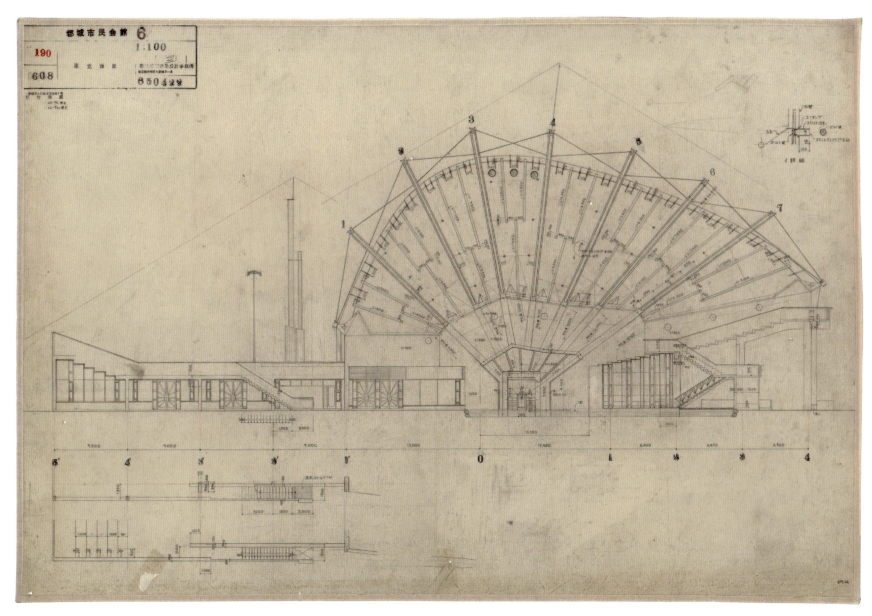

東立面図 190-608

1:100 ｜ 原図 ｜ 1965年4月22日 ｜ ―

鉛筆、トレーシングペーパー ｜ 804 × 540

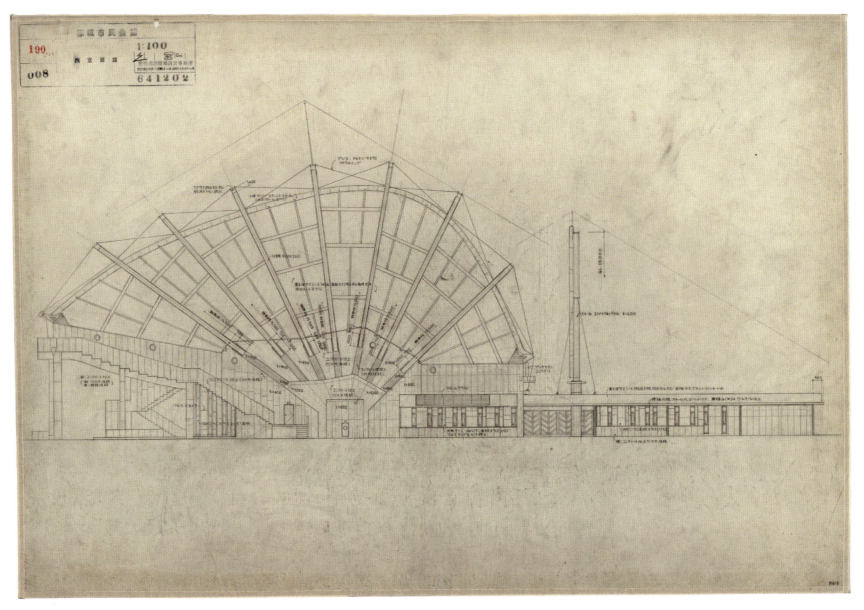

西立面図 190-008

1:100 | 原図 | 1964年12月2日 | ―

鉛筆、トレーシングペーパー | 802 × 542

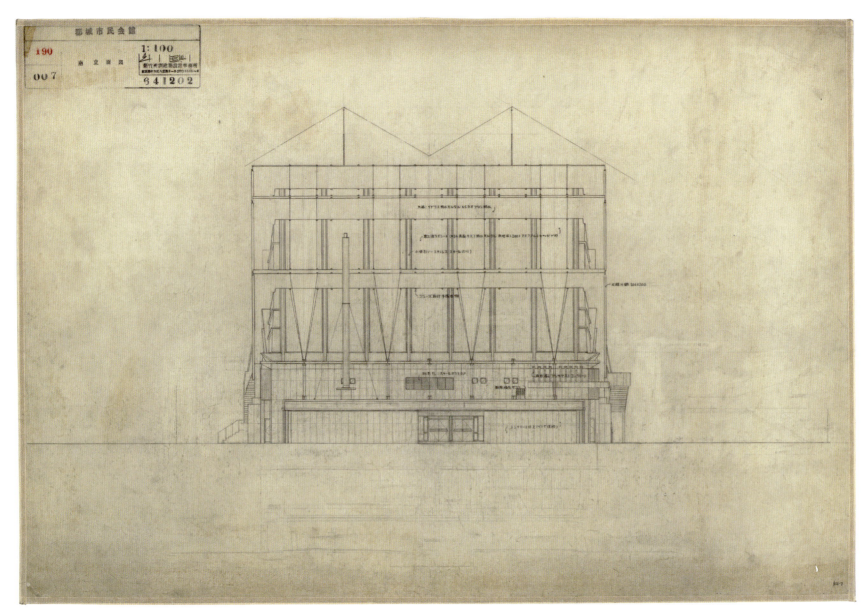

南立面図 190-007

1:100 | 原図 | 1964年12月2日 | ―

鉛筆、トレーシングペーパー | 795 × 539

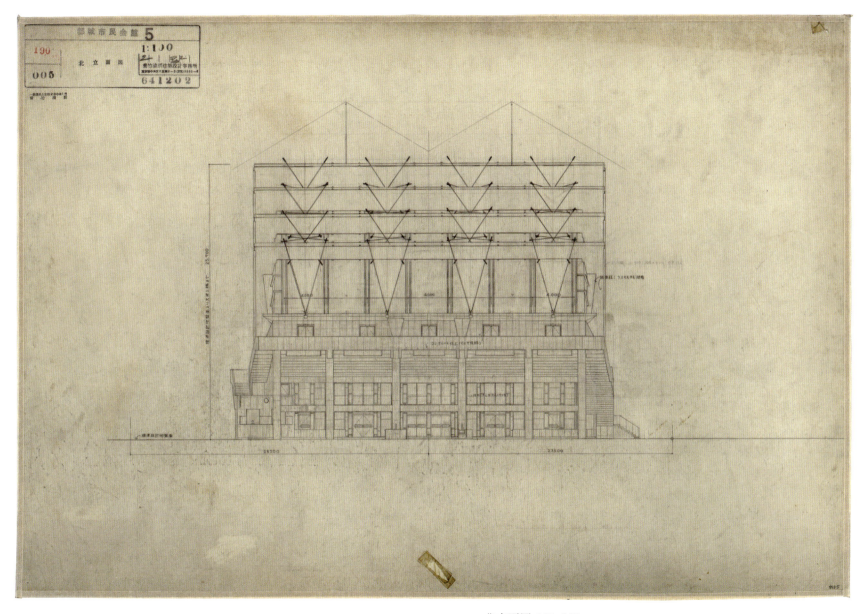

北立面図 190-005

1:100 ｜ 原図 ｜ 1964年12月2日 ｜ —

鉛筆、トレーシングペーパー ｜ 799 × 543

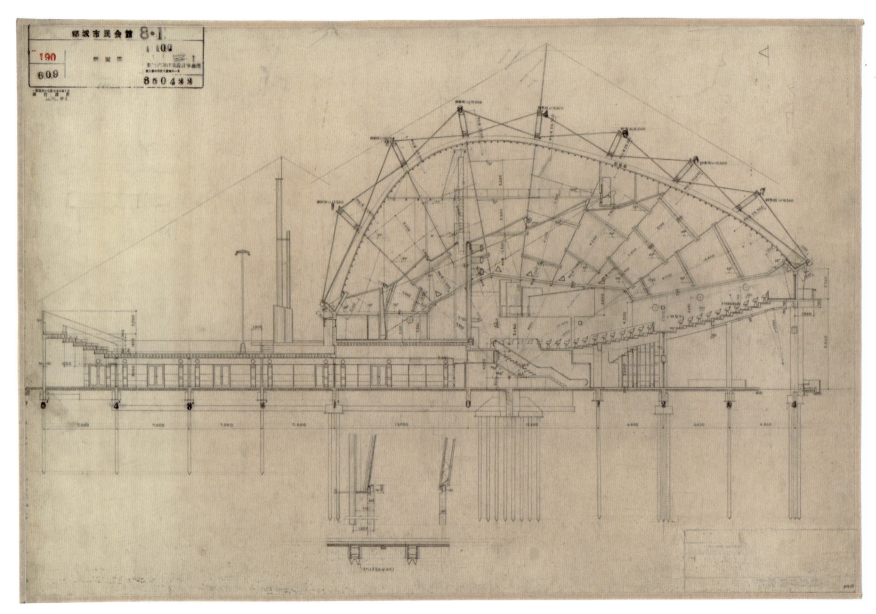

断面図 190-609

1:100 | 原図 | 1965年4月22日 | ―

鉛筆、トレーシングペーパー | 806 × 541

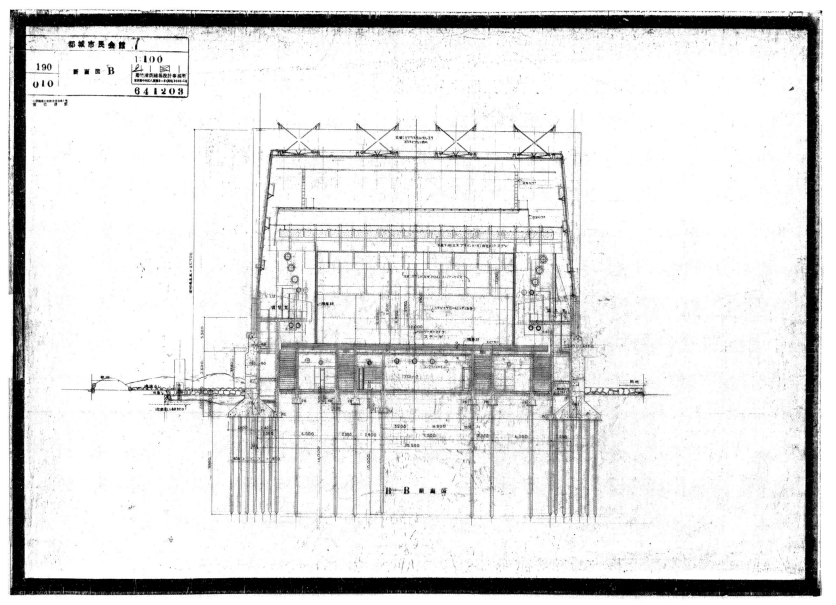

断面図B 190-010

1:100 | 原図 | 1964年12月3日 | —

鉛筆、トレーシングペーパー | 800 × 540

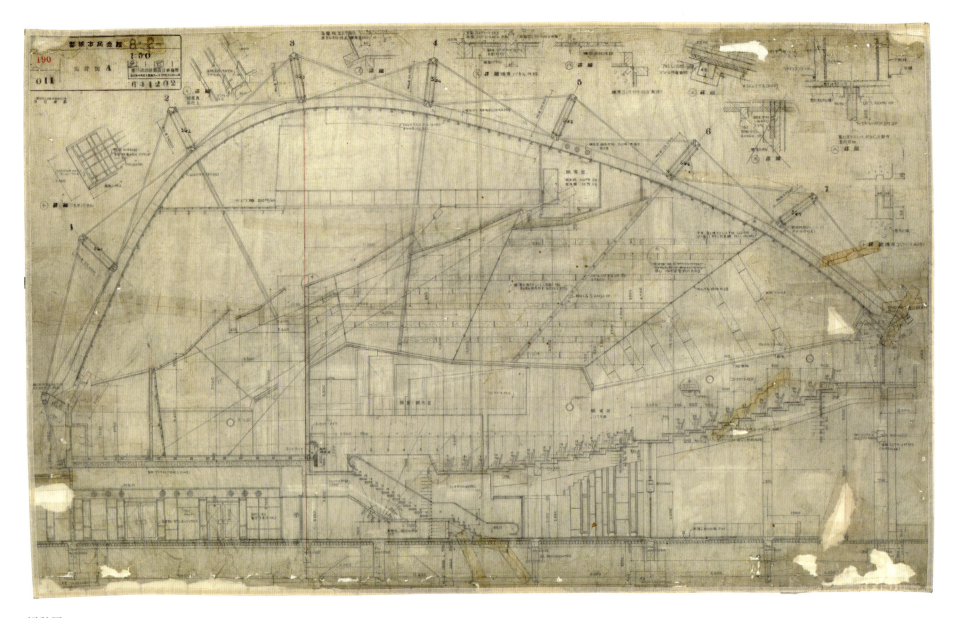

矩計図A 190-011

1:50 ｜ 原図 ｜ 1964年12月2日 ｜ ―

鉛筆、トレーシングペーパー ｜ 600 × 980

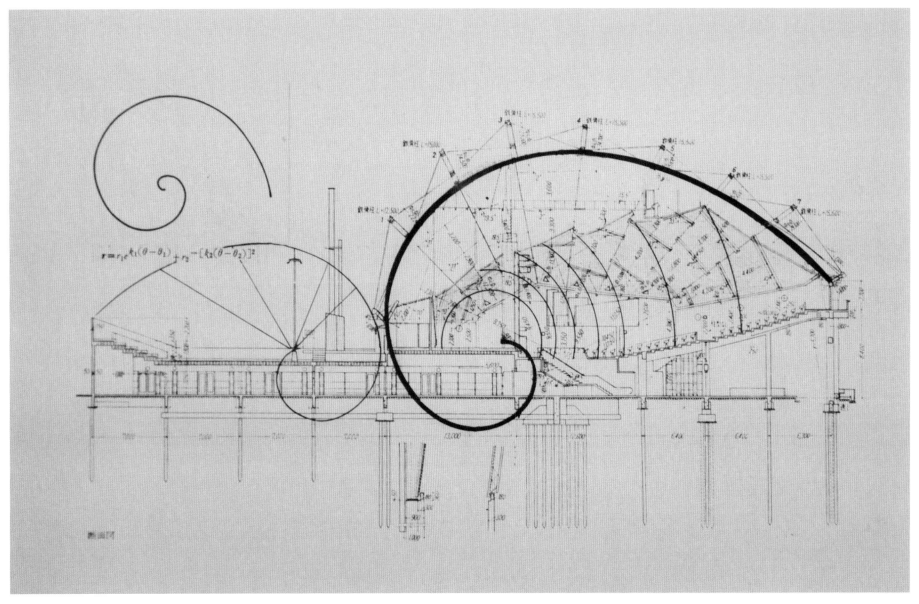

カーブ曲線スケッチ

― | 原図 | 1966年 | 所員製図の上菊竹清訓加筆

サインペン、トレーシングペーパー | 418 × 358

都城市民会館の手摺のディテール

仙田 満

　都城市民会館は、私にとっても思い出深い菊竹事務所の作品だ。市民会館は内井昭蔵さんが担当されていた。そして構造の松井源吾先生との議論の末、あの車輪のような、扇のような鉄骨の立面が立ち上がったとき、とても驚いたことを覚えている。

　そしてその屋根の形と音響的効果の整合性を与えるべく断面計画が慎重に検討されていった。当時、私はおそらくこどもの国と駿河銀行を担当していたと思う。私が菊竹事務所に在籍していたのは1964年から1968年の4年間だった。その間に動いていた主なプロジェクトはこどもの国、茅ケ崎パシフィックホテル、盛岡グランドホテル、岩手県立図書館、島根県立図書館、久留米市民会館、東急田園調布ペアシティ、米子皆生温泉東光園、佐渡グランドホテル、駿河銀行文書センター、駿河銀行横浜支店、東名高速海老名サービスエリア、大阪万博エキスポタワー等である。私は設計の仕事以外に建築評論家の川添登さんを中心に菊竹さんとグラフィックデザイナーの粟津潔さんがサポートした日本国際建築展の担当者としての仕事をしていた。私が在籍した4年間は菊竹事務所の最盛期とも呼べる時期であるが、私が入ったとき、菊竹事務所はたった11人の事務所だった。そして卒業した時には倍近くに増えていたが、よくも数少ないスタッフであれだけの大きな仕事をしていたことに驚く。実施設計は突如事務所員全員に仕事が割り振られ、一気に仕上げていくという方法がとられていた。実際、都城市民会館がそうだった。私はサッシュと手摺を担当した。都城市民会館の建築的テーマであった扇形の鉄製の手摺の意匠を先生に提案し、受け入れられた。とにかく、いかにおもしろいアイディアを提案して、菊竹先生を驚かせるかを考えていた。アイディアを出し続ける競争意識が事務所全体にあった。

　私にとっても都城市民会館の手摺は「か、かた、かたち」の論理の中で、全体の「かた」を見出し、ディテールや納まりに夢中になっていた懐かしい思い出での仕事である。

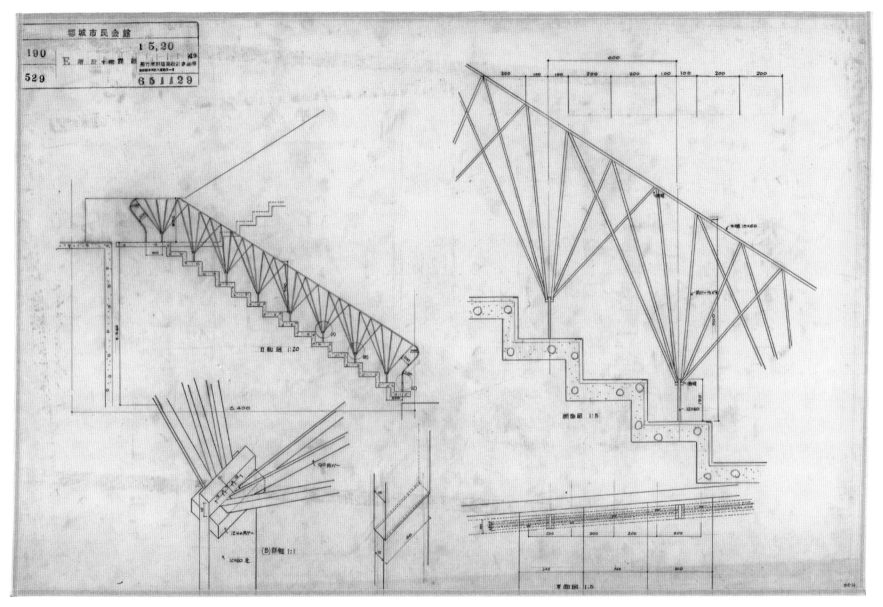

手すり図面 190-529

1:5、1:20 | 原図 | 1965年11月29日 | ―

鉛筆、トレーシングペーパー | 802 × 526

私のファーストイメージ・乳母車の鉄の骨（フレーム）

長谷川逸子

　「京都国際会議場」のコンペ作業に参加させていただいた後、お礼にとスカイハウスにご招待いただいたその時菊竹さんから伝統の上に新しい建築はあり、そして新しい伝統を作り出すことを考えているとうかがう。伝統建築を全く学んでいないことに気づき、後に東工大に移るなり全国の民家を見る旅をはじめることになる。

　私が入社して初めての仕事は「東光園」の天皇陛下が宿泊するお部屋の家具デザインだった。「東光園」のことが終わる頃、菊竹さんの所長室のすぐ後ろの室に席を当てがわれ、菊竹さんとファーストイメージのスケッチをする仕事が始まった。はじめが「都城市民会館」だった。菊竹さんから地盤が悪いから構造は一点に集中するようにしたい。同時に空気も音も光などエンジニアもそこに集中させたいと伝えられた。私は直ぐ"乳母車の折りたたみの鉄の骨"をイメージしたスケッチを描いていると菊竹さんが顔を出し、「面白いね」と言われてスケッチを持って行った。何日か後に松井源吾先生が菊竹さんの部屋にいらっしゃったのでご挨拶をした。私は大学では意匠ではなく構造で松井研究室の実験など手伝ってきたからだ。菊竹さんは、私の帆のスケッチを松井先生に見せ、二人で楽しそうに笑っておられた時の様子は今でも忘れられない。しかし、その後建築雑誌の発表は全く違い、耳の三半規管＝蝸牛と内井さんが説明しており"乳母車の帆"では幼稚すぎたのだろうと雑誌を見ながら思った。

　ホールのFRPの片肘の椅子は菊竹さんに最終の形をきめたいと誘われ、有楽町のコトブキにご一緒した。先生はどうも椅子の形が上手くないと、椅子の形を決めるため粘土の座型に私が座らされた。殊の外その形が気に入られて、直ぐに決定して実現した。田中一光さんや粟津潔さんなどとインテリアをコラボレーションすることも多く、窓口となっていた私は「都城市民会館」の仕事でもお二人に何度もおうかがいに行ったことを覚えている。

　先日、夏の暑い日に「都城市民会館」を訪れた。竣工時以来だがその時と同じような感動受け、脳裏にしっかりと描いて帰ってきた。

ホール内客席・カフェ（1966年）

都城市民会館再生活用計画

日本建築学会都城市民会館再生活用計画検討委員会

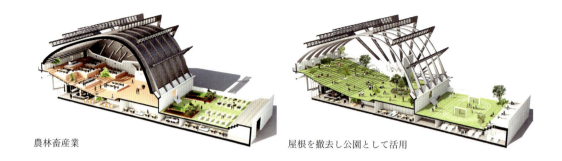

農林畜産業　　　　　　　　　　　　　屋根を撤去し公園として活用

2018年日本建築学会において「都城市民会館再生活用計画検討委員会」が設立されました。都城市民会館の再生活用計画を示すために、2018年6月26日都城市に対して、委員会は都城市民会館を未来につなぐための報告書※を提示しました。市民会館の現状に関して調査を行い、文化財としての価値、また再生活用計画に関して具体的な提案しています。少子高齢化や地方経済の縮小など大きな課題に直面している現在の日本では、今後新たな施設を建設する以上に、いまある既存のストックをいかに活かして使い続けていくかが問われています。近現代建築に大きな影響を与えた都城市民会館の詳細な調査に基づいて、今後老朽化した国内の近現代建築の再生活用に対し、市民・議会・行政が都城市民会館の解体を端緒に的確な判断に資することを切に願っています。

【都城市民会館の調査】
- 基本構造は健全であること
- 耐震の一次診断による判定の結果、大規模な耐震補強は不要であること
- 鉄筋に錆びを発生させる雨水の浸入の可能性があるひび割れを適切に補修すればコンクリートの強度を保ち続けることができること。
- 屋根の補修が必要であるが、大屋根を支持している鉄骨は、視認によると良好な状況であること
- 大規模なホール天井は漏水による劣化があり、撤去が必要であること
- 老朽化・陳腐化が著しいため安全性に配慮して全ての電気設備を全面更新する必要があること

【都城市民会館の文化財としての価値】
- 革新性と地域性から価値の高い貴重な建築と考えられ登録有形文化財として活用が可能であること
- 都城市の記憶の一つであり観光資源としても大切な宝ものであること

これらの調査・分析をもとに再生活用の提案を行ないました。提案を行う際の現況調査として、都城市民会館に関する書籍や文献、都城市の報告書、菊竹清訓建築事務所の元所員であり、都城市民会館の設計に主として関わっていた遠藤勝勧氏へヒアリング、地元紙に到るまで調査を行い、当時の背景や閉館に至るまでの経緯を整理しました。マスタープランの鍵となる地域性の模索、実測調査・劣化箇所の現地調査、文献と実測値の比較を行いながら、現況図・欠損状況図を作成しました。具体的な活用提案を行い、事業者・モデルケースを明示しながら現実可能性を考慮した提案をしています。

A.農林畜産業（ビジネス創出モデル）として活用

2階は主にコ・ワーキングスペースとして利用し、市外大企業のサテライト、スタートアップ事務所、市内農家の立寄り・交流などの利用法が考えられます。

1階のエントランス空間を活用し、ハッカソンで生まれたビジネス提案の発表会、展示、交流会・パーティーの場として使用することができます。

事業者例：農林畜産業と関連の強い大企業、全国および海外のAIやIOT等の分野のスタートアップ企業、市内農林畜産業従業者、市内農協、スタートアップ企業とつながる県内・全国アクセラレーター

B.屋根を撤去し公園として活用

2階の客席の階段部分を活かして、屋外公園として活用します。屋根のアーチの構造体を残すことで、場合によりテント膜を張り、イベントスペースとして使うことが可能である。また屋外を運動場として活用し、フットサルやレクリエーション等により子供から高齢者まで幅広い年代が楽しめるスペースとなります。

事業者例：市役所、NPO法人等

スポーツ施設として活用 　　　　　マルシェとして活用　　　　　ショールームとして活用

C.スポーツ施設として活用

地元で盛んな弓道の利用をはじめとするスポーツ施設です。2階の増築部分を取り払い、屋外運動場とすることで幅広い年代が楽しめる空間を作り出すことができます。また、段差を観客席として利用することができるため、スポーツに参加する人、観戦する人が近い距離で、同じ時間を過ごすことができます。また、福祉や老人介護施設としての活用も可能です。

事業者例：スポーツ関連商品取扱企業、健康サービス事業、スポーツ関連団体

D.マルシェとして活用

地元の食材が揃うマルシェです。屋外テラスを設け地域に開放して人々の憩いの場となります。また、エントランスには人々が日常生活の中で何気なく立ち寄れるコンビニやカフェを設け、1階の空き部屋は会議室や貸事務所として利用できます。

事業者例：産地直販イベント業者、地域地場産業振興団体、レストラン事業者

E.ショールームとして活用

屋内は常設的なショールーム、屋外は仮設的なショールームです。地域で生産されている材料や商品を大きな空間で展示することができます。また屋外の展示がない期間には屋外広場として地域に開放することができます。

事業者例：地元木製家具・インテリア製造販売事業

F.ミュージアムとして活用

4つのフラットな展示スペースと回遊導線を設けたミュージアムです。上部へ行くと展示室全体を見渡すことができます。また大きな空間を生かした高さ10mの展示が可能です。増築部分は収納庫、またバックスペースとして活用できる一方、屋外休憩所として開放的な空間になります。

事業者例：科学技術博物館、建築資料館、不動産(文化芸術推進事業)、メタボリズムミュージアムなど

G.オフィス・コールセンターとして活用

オフィスフロアをメインとするコールセンター・企業オフィスです。1階には外部の人と関わりを持てるコンビニやカフェといった公的空間を設け、交流を図ります。屋外テラスを開放すること、リフレッシュできる場を提供することができ、オフィスの人々の憩いの場となります。

事業者例：地元企業、ベンチャー企業、レンタルオフィス事業、電話対応業務関係事業者

H.アーティストインレジデンスとして活用

屋外およびオーディトリアム空間をアーティストの創作スペースや展示スペースとして利用するアーティストインレジデンスとなります。1階は主にアーティストのための居住空間として活用します。また、ピロティ部分はバス停やカフェとして利用することで、人を呼び込むきっかけ作りとなります。

事業者例：入居アーティストによる共同出資団体、美術系専門学校サテライトキャンパス

※「都城市民会館再生活用計画検討委員会 報告書」/2018年6月/日本建築学会都城市民会館再生活用計画検討委員会作成

遠景

北西側外観

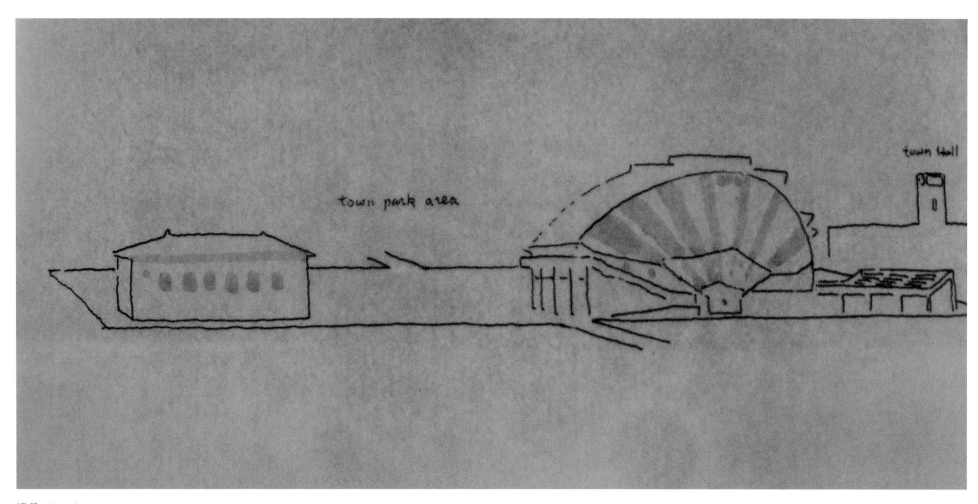

遠景スケッチ

― | 原図 | 1964〜1965年頃 | 菊竹清訓

マジックペン、トレーシングペーパー | ―

遠景

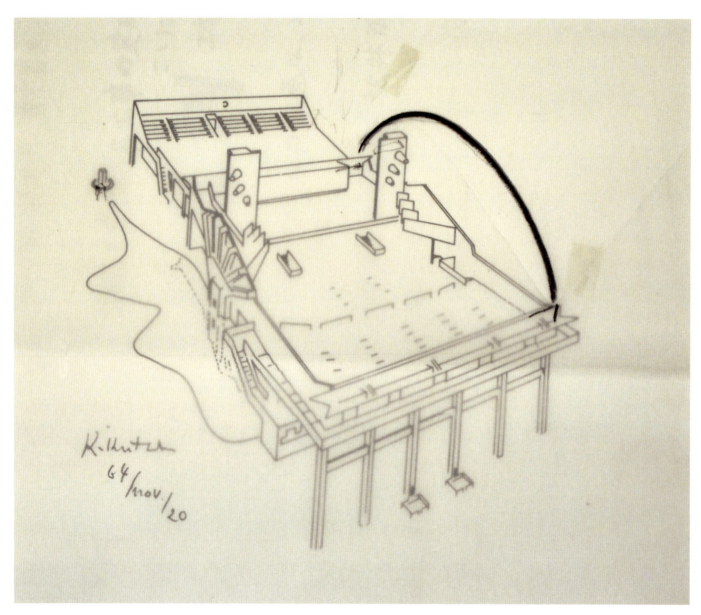

スケッチ

― | 原図 | 1966年 | 菊竹清訓

インク、コンテ、紙、トレーシングペーパー | 418 × 358

東側立面

都城市民会館来館アーティスト等一覧

1966 (昭和41年)

ルーキー進一(4/22) / SKD (4/24) / 柳家金悟楼(5/7) / 和田弘とマヒナスターズ(6/15) / 丸山明弘(6/28) / 北村雅章と東京シンフォニック(8/30) / ポニージャックス(9/15) / 守屋浩(9/25) / 大津美子(10/11) / 中村八大クインテット(10/14) / 三橋美智也(10/19) / 村田英雄(10/20) / 中村紘子(11/4) / 寺内たかし(11/23) / 芦野宏(12/12) / 鉄砲光三郎(12/17)

1967 (昭和42年)

東京フィルハーモニーオーケストラ(1/30) / チェコ人形劇(2/8) / ジミー時田とマウンテンPB(2/25) / ダニー飯田とパラダイスキング(3/11) / 有馬徹とノーチェックバーナー (3/23) / デュークエイセス(4/16) / 岸洋子(5/17) / こまどり姉妹(5/22) / ワルターヘウィッヒ(5/28) / 坂本博士、真理ヨシ子(6/15) / バッキー白庁とアロハハワイアンズ(7/9) / 佐橋実俊(8/5) / 南里文雄ホットペッパーズ(8/19) / 辻久子(9/8) / ザ・シャデラックス(9/20) / 村田英雄(9/22) / 谷桃子(10/24) / 文楽(桐竹紋十郎)(1/17) / フランク永井(11/18) / 宝塚(花組)(11/23) / ブルーコーツ(12/9) / 畠山みどり(12/15)

1968 (昭和43年)

東京フィルハーモニーオーケストラ(1/26) / 春日八郎・大月都(2/7) / 東京キューバンボーイズ(2/17) / 克美しげる(2/23) / 山田太郎(3/17) / 三橋美智也(4/5) / アイ・ジョージ(4/17) / 五十嵐喜芳・伊藤京子(5/27) / 橋幸夫(5/28) / ボス宮崎とコニーアイランダーズ(7/11) / 新川二郎(7/29) / 賠償千恵子(8/20) / 坂元スミ子(9/13) / 島倉千代子(9/15) / 森進一・青江美奈(9/22) / フェニックスシンガーズ(10/7) / 平岡養一(10/23) / ハンガリー少年少女合唱団(11/4) / 東京混声合唱団(11/16) / 文楽(12/9) / 小川知子(12/13) / ペギー葉山(12/17)

1969 (昭和44年)

坂元スミ子(3/15) / ザ・ピーナッツ(5/11) / 西郷輝彦(5/12) / 立川澄人(5/13) / 森山良子(6/17) / 千葉真一(6/29) / 青江美奈(7/1) / 菅原洋一(8/9) / 村田英雄(9/9) / 京都市交響楽団(9/24) / ソフィア少年少女合唱団(10/8) / 小畑実(10/31) / 新交響楽団(芥川やす志)(11/3) / 原信夫と#&b(11/22)

1970 (昭和45年)

O・S・K(1/6) / ザ・ドリフターズ(1/27) / 岸洋子(1/29) / ポーランドサーカス(2/17) / 東京キューバンボーイズ(2/23) / ザ・シャデラックス(2/27) / 東京少年少女合唱団(2/29) / 藤山寛美(4/11) / 辻久子(4/16) / 都はるみ(7/12) / ボス宮崎とコニーアイランダーズ(7/17) / ビリーバンバン(9/25) / ダークダックス(10/10) / 加藤登紀子(12/11)

1971 (昭和46年)

有馬徹とノーチェックバーナー (1/19) / ペギー葉山(1/24) / ブルガリア男声合唱団(1/25) / フェニックス・シンガーズ(1/28) / 森田健作・泉アキ(5/18) / 菅原洋一(6/27) / はしだのりひこ(8/4) / アダムハラシェビッチ(9/4) / ダニエル・ビダル(9/22) / 三門博(10/6) / 雪村いずみ(12/8)

1972 (昭和47年)

東京フィルハーモニーオーケストラ(1/29) / デュークエイセス(2/18) / 原信夫と#&b(3/11) / 本田路津子(4/14) / ミルバ(5/14) / ソフィア少年少女合唱団(8/7) / 島倉千代子(8/15) / トワ・エ・モア(11/18) / 東千代介(11/24)

1973 (昭和48年)

南こうせつとかぐや姫(1/24) / 杉田二郎とオフコース(1/24) / 上条恒彦(3/12) / ダークダックス(5/13) / ミシェル・デボスト(自主)(5/26) / ビリーバンバン(7/19) / 吉田拓郎(9/17) / 井上陽水(9/23) / ザ・ピーナッツ(10/13) / 宝塚(星組)(10/21) / 五十嵐喜芳(11/17) / 成田絵智子(11/17)

1974 (昭和49年)

美空ひばり(1/20) / ナルシソ・イエペス(2/23) / 芹洋子(3/15) / 加賀城みゆき(3/24) / ミヤコ蝶々(3/25) / 朱里エイコ(5/21) / 内山田洋とクールファイブ(9/1) / 村岡実(10/22) / 五輪真弓(10/24) / 九州交響楽団(12/10)

1975 (昭和50年)

チェリッシュ (1/29) / 都はるみ(2/4) / クロード・チアリ(3/24) / アリス+NSP(5/28) / プラハ少年少女合唱団(9/11) / アリス(9/28) / サム・テーラー (10/1) / 木暮実千代(10/24) / 天地真理(10/31) / 長谷川きよし(11/2)

1976 (昭和51年)

チューリップ(2/24) / 小柳ルミ子(5/15) / ビリーヴォーン楽団(5/16) / 布施明(6/17) / 大阪フィルハーモニー(7/5) / アリス(7/11) / ベンチャーズ(7/11) / ハンガリー少年少女合唱団(7/20) / ずうとるび(7/29) / 村岡実(8/22) / 沢田研二(8/23) / 小林旭(8/28) / 梓みちよ(9/9) / 宝塚(月組)(10/6) / N・S・P(10/20) / アリス(11/6) / 安川加寿子(12/4)

1977 (昭和52年)

南沙織(1/29) / 山口百恵(2/12) / 森山良子(2/23) / 矢沢永吉(4/11) / 森昌子(5/3) / チェリッシュ (5/20) / マヒナスターズ(5/28) / ルーマニア少年少女合唱団(8/4) / 坂本博士(10/24) / デュークエイセス(10/29) / アリス(10/30) / 桜田淳子(11/18) / 北島三郎(12/9)

1978 (昭和53年)

高橋竹山(2/24) / ハイ・ファイ・セット(3/28) / ふきのとう(4/5) / 甲斐バンド(5/23) / りりー (5/25) / 郷ひろみ(9/16) / 森田公一(10/26) / 松崎しげる(11/21)

1979 (昭和54年)

オフコース(1/23) / 庄野真代(1/26) / 村岡実(2/18) / 三波春夫(4/15) / 二葉百合子(4/30) / ダウンタウンブギウギバンド(5/24) / 小松原庸子(6/21) / 五輪真弓(6/28) / ふきのとう(6/29) / オフコース(7/19) / ピンクレディ(9/24) / 高橋竹山(9/29) / 橋幸夫(10/21) / 安川加寿子(10/25) / 永井竜雲(12/12)

1980 (昭和55年)

東京フィルハーモニーオーケストラ(2/10) / 宝塚(雪組)(5/24) / 九州交響楽団(6/12) / 海援隊(7/18) / 大阪フィルハーモニーオーケストラ(8/29) / 中島みゆき(9/30) / ベルリン室内管弦楽団(11/26)

1981 (昭和56年)

こまどり姉妹(2/10) / グラシェラ・スサーナ(2/21) / 神谷いく子(3/18) / 三波春夫(4/11) / チャゲ&飛鳥(4/20) / 三大国立サーカス(5/15) / 寺内たけし(6/3) / N・S・P(6/22) / ウィーンの森少年少女合唱団(7/12) / 大川栄作・三笠優子(8/28) / 鈴木一平(9/10) / 竜鉄也(9/22) / 近藤真彦(10/17) / 三木のり平(10/22) / デ・ジュラーンキ(10/24) / 鉄砲光三郎(11/9) / 東京ブラスアンサンブル(12/12)

1982 (昭和57年)

水越けい子(1/10) / 研ナオコ(1/16) / 三橋美智也(2/20) / 美空ひばり(2/27) / 三波春夫(4/9) / 五十嵐浩見(4/20) / 岩崎宏美(6/15) / 森田公一・山本リンダ(6/25) / 宝塚(花組)(6/26) / 大阪フィルハーモニーオーケストラ(8/26) / 田端義夫(10/13) / 新日本フィルハーモニー(自主)(10/14) / チャゲ&飛鳥(10/21) / アントニオ古賀(11/2)

1983 (昭和58年)

八代亜紀(1/13) / ボロディン弦楽四重奏(1/15) / 鎌田英一・小杉真貴子(2/26) / 田原俊彦(3/28) / ピンカラ兄弟(4/19) / 宝塚(花組)(4/11) / 九州交響楽団(6/9) / 島津豊・井沢八郎(6/13) / 読売オーケストラ(8/1) / マクサンスリュ・ラリュ&スザンナミルドニアン(9/21) / 柏原芳恵(9/23) / さだまさし(10/25) / 栗原小巻(11/11)

1984 (昭和59年)

因幡晃(1/27) / 梅沢富美男(2/9) / 小泉今日子(8/26) / こまどり姉妹(10/1) / 田原俊彦(11/4) / 原田直之(12/3)

1985 (昭和60年)

島倉千代子(1/16) / 小林幸子(1/25) / 因幡晃(2/1) / 五木ひろし(2/24) / 水前寺清子(3/16) / 柳・ジョージ(3/18) / 美空ひばり(5/15) / 雪村いづみ(5/30) / 藤田まこと(9/25) / 寺内たけしとブルージーンズ(9/27) / 菅原洋一(11/30) / 東京フィルハーモニーオーケストラ(12/3)

1986 (昭和61年)

山下久美子(2/14) / 内藤やす子(4/27) / 南こうせつとかぐや姫(5/23) / 森昌子(5/30) / 文楽(8/22) / レニングラードフィルハーモニーオーケストラ(10/4) / 梅沢武生(11/28) / 鶴岡雅美とロマンチカ(11/29) / ロスインディオスタバハラス(12/25)

1987 (昭和62年)

因幡晃(1/12) / 川中美幸(2/12) / チビっ子五三郎(3/28) / 原佳之・信子(5/22) / 鳥羽一郎(7/10) / シブガキ隊(7/27) / 荒川少年少女合唱団(8/6) / 林与一(9/2) / 宗次郎(9/3) / 山川豊(10/1)

1988 (昭和63年)

落語三人会(小三治・歌丸・円楽)(1/18) / ダークダックス(1/1) / 細川たかし(2/28) / 五木ひろし(4/10) / 佐賀にわか(6/4) / 金田たつ光(6/16) / 日本フィルハーモニーオーケストラ(8/19) / 大月都(9/17) / 石川さゆり(9/20) / 三笠優子(10/1) / 山本達彦(10/18) / 宝塚(星組)(11/1) / チェコフィルハーモニーオーケストラ(11/8) / 原田直之(12/4) / アルフィ(12/6)

1989 (平成元年)

落語三人会(小三治・歌丸・円楽)(1/20) / 渡辺美奈代(1/29) / 由紀さおり・安田洋子(1/30) / 森進一(2/15) / 二葉百合子(4/17) / 島倉千代子(4/22) / さだまさし(5/10) / ベンチャーズ(5/23) / 石川さゆり(6/2) / デュークエイセス(7/8) / スメン・ジャンカ(7/19) / 九州交響楽団(8/27) / 南こうせつ(9/30) / ザ・クバン・コザック合唱団(10/8) / SKD松竹歌劇団(10/15) / 栗林義信(11/20) / 白石啓太とラテンカーナバル(11/28) / 瀬川瑛子(12/2)

1990 (平成2年)

竜鉄也・笹みどり・宮史郎(3/27) / 田端義夫(5/18) / 坂本冬美(5/27) / 田中星児(7/7) / 杉並児童合唱団(8/2) / 門松さおり(8/5) / 東京バレエ団(8/7) / カラベリグランドオーケストラ(9/24)

(早稲田大学 古谷誠章・藤井由理研究室 調べ)

撮影：

小山孝	表 1,p57, 59, 60
米野雅之（建築家 / スタジオ　ア・ノード一級建築士事務所）	p5
都城市	p7,p27,53
根本友樹（建築家 / 早稲田大学嘱託研究員）	p8-19, p22-23, p38, p50-52
斎藤信吾	p18
川澄・小林研二写真事務所	p26
野沢善夫（オーラルヒストリー映像撮影）	p28-37
中道淳（写真家 / ナカサアンドパートナーズ）	表 4

Kikutake Kiyonori
Miyakonojo Civic Center

菊竹清訓｜都城市民会館

2019年12月25日　初版第 1 刷発行

編集：日本建築学会都城市民会館調査記録WG

編集・制作：Echelle-1｜下田泰也・松田幸美

デザイン：Echelle-1・MAPS

発行人：馬場栄一

発行所：株式会社建築資料研究社

〒 171- 0014 東京都豊島区池袋2-10-7 ビルディングK 6F

TEL 03-3986-3239

印刷・製本：図書印刷株式会社

©建築資料研究社 2019 Printed in Japan

ISBN 978-4-86358-632-1

本書の複製・複写・無断転載を禁じます。

万一、落丁・乱丁の場合はお取り替えいたします。

編集者：

日本建築学会都城市民会館調査記録 WG

山﨑鯛介（東京工業大学教授）

遠藤勝勧（建築家 / 遠藤勝勧建築設計室 / 元菊竹清訓建築設計事務所）

古谷誠章（建築家 / 早稲田大学教授）

鯵坂 徹（鹿児島大学教授）

林田義伸（都城工業高等専門学校名誉教授）

斎藤信吾（建築家 / 早稲田大学講師）

長谷見雄二（早稲田大学教授）

小川勝利（小川勝利建築設計事務所・元 ORS 事務所）

加藤雅久（居住技術研究所 /DOCOMOMO Japan）

志岐祐一（建築家 / 日東設計事務所 / 首都大学東京非常勤講師 / 大妻女子大学非常勤講師）

平井充（建築家 / メグロ建築研究所 / 実践女子大学非常勤講師 /DOCOMOMO Japan）

資料提供：

スミス睦子・菊竹雪・大上かすみ・菊竹三訓・情報建築社・文化庁国立近現代建築資料館・都城市

日本建築学会都城市民会館再生活用計画検討委員会

委員長：古谷誠章（同上）、委員：青木茂（首都大学東京）、鯵坂徹（同上）、遠藤勝勧（同上）、小川勝利（同上）、斎藤信吾（同上）、菅順二（竹中工務店）、仙田満（東京工業大学）、徳田光弘（九州工業大学）、野原文男（日建設計総合研究所）、林田義伸（同上）、長谷見雄二（同上）、平井充（同上）、山﨑鯛介（同上）、依田定和 (ORS 事務所）、作成協力：株式会社竹中工務店（岡晴信、鍵野 壮宏）、早稲田大学（福山智大、湯之上純、池田理哲、青木日向子、菅原功太、廣西航多、曲師師、山田瑞月、筒井萌果、Adnane Benyahia、小日向孝夫）、鹿児島大学（原瑞穂、森山陽介、森山幸次、作取徹、脇田康平、久保田未咲）

編集協力：

早稲田大学古谷誠章・藤井由理研究室

小日向孝夫・池田理哲・木村一暁・山本昂平・伊藤丈治・輪嶋優一